Die Fruchtlosigkeit der Predigt

Erich Böke

GRIN ☺

Bibliografische Information der Deutschen Nationalbibliothek:

Die Deutsche Nationalbibliothek verzeichnet diese Publikation in der Deutschen Nationalbibliografie; detaillierte bibliografische Daten sind im Internet über http://dnb.d-nb.de abrufbar.

ISBN: 9783346447050
Dieses Buch ist auch als E-Book erhältlich.

© GRIN Publishing GmbH
Nymphenburger Straße 86
80636 München

Druck und Bindung: Books on Demand GmbH, Norderstedt Germany
Gedruckt auf säurefreiem Papier aus verantwortungsvollen Quellen

Das Buch bei GRIN: https://www.grin.com/document/1032809

Projekt Erneuerung am Arbeitsplatz: Die Fruchtlosigkeit der Predigt

Schriftliche Ausarbeitung im Kurs
„Spiritualität am Arbeitsplatz"

Erstellt von: Erich Böke

Abgabedatum: Samstag, 19. Oktober 2019

Inhaltsverzeichnis

1. Auswirkung des Sündenfalls an meinem Arbeitsplatz

1.1. Vorbemerkung

Ich bin beim Evangelischen Gemeinschaftsverband AB e. V. als überregionaler Referent für Jugend angestellt. Der Evangelische Gemeinschaftsverband AB e. V. ist ein Zusammenschluss mehrerer freikirchlicher Gemeinden innerhalb der Landeskirche Baden. Durch die überregionale Referententätigkeit bin ich im ganzen Einzugsgebiet dieses Verbandes unterwegs. Ziel ist es, Jugendgruppen bei Bedarf zu unterstützen und dabei Kirche für die junge Generation zu gestalten. Das Coaching und das Fördern von Jugendleitern ist dabei ein wichtiger Aspekt. Darüber hinaus leite ich verschiedenste Projekte (im Bereich der Männer-, Jugend- und Kirchengründungsarbeit), welche seitens des Verbandes angeboten werden. Dabei habe ich viel mit ehrenamtlichen Mitarbeitern zu tun. Zu predigen ist dabei einer der Hauptschwerpunkte meiner Arbeit. Folglich verbringe ich viel Arbeitszeit alleine in meinem Büro für die Vorbereitung von Predigten und Jugendprogrammen.

Gerade bei überregionalen Jugendveranstaltungen erlebt man die Kreativität und Leidenschaft von ehrenamtlichen Mitarbeitern, den Besuchern ein tolles Programm zu ermöglichen. Sie machen das in der Regel mit dem Ziel, dass junge Menschen Jesus kennen lernen und setzen sich für eine gute Sache ein. Ebenso erlebe ich, wie junge Christen Glaubensschritte machen, ihr Vertrauen in Gott setzen und wie sich dabei ihr Charakter, Fähigkeiten, sowie ihre Persönlichkeit verändert. Es freut mich, dass ich viele dieser Jugendlichen dabei begleiten und unterstützen darf.

Jedoch gibt es auch viele Aspekte, die den Sündenfall deutlich zeigen. So könnte man auf Streitigkeiten, Neid zwischen und innerhalb der Gemeinden in verschiedenen Bezirken, Bequemlichkeit, Machtkämpfe usw. verweisen. In dieser Ausarbeitung möchte ich jedoch die Fruchtlosigkeit der Predigt thematisieren, die mir als eine sehr weit- und tiefreichende Auswirkung des Sündenfalls erscheint. Vor einiger Zeit sprach ich mit einer alten Dame, die sich ihres Heils in Christus nicht bewusst war, sich minderwertig fühlte und im Streit mit anderen Gliedern aus der Gemeinde lebte. Für mich war dabei das Erschreckende, dass diese Dame seit ihrer Jugend an jede Woche den sonntäglichen Gottesdienst sowie die Bibelstunde bzw. in ihrer Jugend den Jugendchor besuchte. 70 Jahre lang hörte diese Dame wöchentlich zwei Predigten. Und dennoch, so schien es, war das ganze Predigen fruchtlos, denn sie war sich ihres Heils in Jesus nicht gewiss und wusste auch nicht, wie sie Frieden in den Streitigkeiten finden könnte. Ebenfalls ich als Vortragender erlebe die Fruchtlosigkeit der Predigt, wenn auch in einer etwas anderen Auswirkung. Es erfordert viel Zeit, eine Predigt vorzubereiten, doch trotz des großen Aufwandes halte ich am Ende eine Predigt, die besser hätte sein können.

1.2. Ursachen für die Fruchtlosigkeit der Predigt

Meines Erachtens liegt die „Fruchtlosigkeit der Predigt" an verschiedenen Ursachen. Einige möchte ich im Folgenden nennen. Diese Liste beansprucht dabei keinesfalls einen Anspruch der Vollständigkeit, sondern zeigt lediglich einige Aspekte auf:

A. Die Ursache liegt auf Seiten des Predigers:

- Zeitmangel in der Vorbereitung: Einerseits ist der Alltag häufig gefüllt mit vielen Aufgaben, daher ist es oftmals eine Herausforderung, sich genügend Zeit für die Predigtvorbereitung zu nehmen. Andererseits kann es auch passieren, dass der Prediger mit einer mittelmäßigen Vorbereitung zufrieden ist, obwohl er sich eigentlich mehr Zeit nehmen sollte, um sowohl eine gute Ausarbeitung zu erstellen, als auch um den Vortrag der Predigt im Vorfeld ausreichend oft zu üben.
- Zu viele wichtige Themen, über die man predigen sollte/könnte: Häufig erkennt der Pastor viele wichtige Themen in der Gemeinde, die in einer Predigt aufgegriffen und behandelt werden sollten. Nur sehr selten fokussiert er sich auf ein zentrales Thema und bleiben an diesem dran, bis es Teil des Gemeindelebens und dem Leben der Zuhörer wurde. Es fällt schwer, sich Zeit zu lassen, doch Veränderung braucht Zeit.Gerade für mich als überregionaler Jugendreferent zeigt sich hier die Fruchtlosigkeit meiner Predigt besonders. Ich komme für eine besondere Predigt und inspiriere manche Jugendlichen vielleicht. Aufgrund der räumlichen Distanz habe ich jedoch nur wenig Möglichkeit die Jugendlichen auf dem Weg der Veränderung zu begleiten. Die Predigt bleibt Inspiration ohne die praktische Begleitung bei der Durchführung und ihre Inhalte geraten so schnell wieder in Vergessenheit, anstatt im Leben der Zuhörer Früchte zu zeigen.
- Wissensvermittlung: In den mir bekannten Gemeinden liegt der Fokus der Predigt auf der Wissensvermittlung. Ziel ist es meistens, Informationen an die Zuhörer weiterzugeben. Glaube ist jedoch nicht nur Information. Die Homiletik lehrt, dass eine Predigt etwas für Kopf, Herz und Hand vermitteln sollte. Oftmals vertraut der Prediger jedoch gar nicht darauf, dass die Predigt ins Leben der Zuhörer spricht

und sich durch die Predigt dort tatsächlich etwas verändert. Die Predigt verkommt zur Wissensvermittlung, ohne dass Konsequenzen erwartet werden.

- Mangelnde Befähigung zum Dienst: Meine Beobachtung ist, dass viele der Gemeindeglieder nicht zu wissen scheinen, wie sie ihrem außer-gemeindlichen Umfeld dienen können. Woran dies liegt, lässt sich nur vermuten. Eine Möglichkeit ist, dass sie weniger zu mündigen Christen als vielmehr zu lieben Zuhörern erzogen werden. Hierin erkenne ich eine Gemeindekultur, in der es primär um persönliche Erbauung und nur nachgeordnet um den gemeinsamen Auftrag der Christenheit geht. Die Predigt hat hier sicherlich kulturprägenden Charakter.

- Länge der Predigt: Oftmals heißt es, dass sich eine Predigt mit einer Länge von unter 45 Minutengar nicht lohne. Dabei besteht jedoch die Gefahr, dass das wirklich Wichtige neben dem Wichtigen oder dem Unwichtigen untergeht, weil in der Predigt zu viel Inhalt vermittelt werden soll.

- Präsentation: Viele Prediger legen wenig Wert darauf, ihre Botschaft gut zu präsentieren. Dabei sorgt jedoch gerade ein guter Vortragsstil dafür, dass Zuhörer leichter folgen können. Auch kann durch entsprechende Veranschaulichungen oder interaktiven Elementen, dem Zuhörer geholfen werden, sich die zentralen Aspekte des Vortrags besser einzuprägen.

B. Die Ursache liegt auf Seiten des Zuhörers:

- Routine und Erwartung der Unterhaltung: Meiner Eindruck, der sich aus Gesprächen ergeben hat, ist, dass viele Gottesdienstbesucher in denselben gehen, „weil man das als guter Christ eben so macht" und weil man dort meist nette Bekannte trifft. An die Predigt haben viele dabei die Erwartung, möglichst gut unterhalten bzw. möglichst wenig gelangweilt zu werden.

- Komfortzone: Die Botschaft von Jesus ist radikal. Oftmals ist sie sehr herausfordernd. Doch die eigene Komfortzone zu verlassen macht Angst und birgt Gefahren. Daher fällt es vielen Gemeindebesuchern schwer, diesen Schritt zu wagen.

- Mangelnde Konzentration: Aus verschiedenen Gründen können sich Menschen nicht auf die Predigt konzentrieren. Es kann an der Dauer und Komplexität des Vortrags liegen, aber auch an Müdigkeit, mangelndem Interesse, stressigem Alltag usw.

Meine persönliche Reflexion dieser genannten Aspekte ließ mich erkennen, dass der Fluch des Sündenfalls konkrete Auswirkungen auf mich in diesem Themengebiet hat. Als Erstes ist die Predigtvorbereitung, wie von Gott in Gen 3,16-19 angekündigt, mühselig und oft auch von wenig Erfolg gekrönt. Zugleich strebe ich nach Perfektion und verspüre oft Unzufriedenheit mit den gelieferten Ergebnissen. Dabei trägt Arbeit jedoch immer Frucht. Die Frage ist nur, wie viel und ob ich damit zufrieden bin. Ebenso gehören Erfolg und Misserfolg zum Arbeitsleben dazu. Allzu oft erstarre ich jedoch aufgrund der Misserfolge, anstatt auf das Beste zu hoffen. Dabei ist es doch gerade Gott, von dem ich predige, welcher eine Vision der Hoffnung, Freude und Sinn gibt. Zweitens habe ich eine hohe Erwartungshaltung gegenüber mir selbst und meinen Zuhörern. Gefördert wird diese hohe Erwartungshaltung noch durch das Vergleichen mit bekannten Predigten, welche Online zu finden sind, aber auch dem meines Erachtens vorliegenden Wunsch der Zuhörer, bestmöglich unterhalten zu werden. Doch diese Erwartungshaltung sollte keinen Leistungsdruck als Folge haben. Vielmehr sollte ein Bewusstsein vorliegen, dass „the Christian doctrine of vocation [...] starts with being called to Someone before we are called to do something" (Stevens, 1999: 72).

Der nächste Aspekt betrifft meinen Hochmut gegenüber meinen scheinbar schlecht predigenden Kollegen sowie den bequemen Zuhörer, die sich nicht herausfordern lassen wollen. Durch mein Abwerten dieser Menschen wird die Atmosphäre vergiftet.

Abschließend lässt sich der Egoismus nennen. So ist es teilweise eine Gratwanderung zwischen gesundem Stolz auf eine gute Leistung und Prahlerei mit dem Ziel, das eigene Ego aufzupolieren. Hinzuzufügen lässt sich meine Hoffnung, , dass *ich* die Menschen anspreche und dass sie sich aufgrund *meiner* Verkündigung herausfordern und verändern lassen. Dabei ist es nicht meine Predigtleistung, die etwas im Leben der Zuhörer bewirkt, sondern es ist die Botschaft Gottes, die ich lehre, und es ist sein Geist, der das Wollen und das Vollbringen hervorbringt.

2. Veränderung aus biblisch, theologischer Sicht

2.1. Vorbemerkung

Im Folgenden werden die oben genannten Auswirkungen des Sündenfall, in meinem konkreten Arbeitsbereich der Predigt biblisch und theologisch reflektiert. Ziel ist es herauszuarbeiten, welche Aspekte der Arbeit Veränderung erfordern.

Bei der Predigt habe ich den Wunsch, dass Menschen durch meinen Dienst Veränderung erleben. Meine Begabung, Fähigkeiten, Erfolge und Wachstum waren für mich immer das Entscheidende, sodass Gemeindeerfolg zu einem falschen Gott wurde. Statt auf den Heiligen Geist zu vertrauen und auch zu erkennen, wo dieser wirkt und worin seine Früchte erkennbar wurden, vertraute ich meinen Fähigkeiten und suchte Früchte, die ausgehend von meiner Predigt entstanden. Dann wurde mir bewusst, dass Veränderung im Leben der Menschen nicht durch mich, sondern nur dann geschehen kann, wenn ich mich nicht mehr als Ausbilder sehe, der die Menschen so verändert, wie er es für richtig erachtet. Es geht darum, dass ich darauf vertraue, dass Gottes Geist die Menschen so verändert, wie er es möchte, selbst wenn das nicht meiner Predigt entspricht.

2.2. Ausbilder und „normaler" Teil im Leib Christi

Dennoch bleibt mein Job die Wortverkündigung und die Ausbildung junger Menschen, sodass diese selbst mündige Christen werden und ihre Identität in Christus finden, sowie an Gottes Mission in dieser Welt teilhaben. Daher ist das Bild des Ausbilders, meines Erachtens nach, ein hilfreiches Bild. Es zeigt, dass Christen mittels der Predigt zu mündigen Christen werden können.

Um jedoch näher an die Botschaft des Evangeliums zu kommen, muss dieses Bild ergänzt werden, zunächst um das paulinische Bild des Leibes. So bin ich als Prediger nicht das Haupt, welches für die anderen Glieder verantwortlich ist. Ich bin ebenso wie meine Zuhörer Teil des Leibs. Zu sagen, dass die anderen auf mich hören müssen und sich so verändern, wie ich mir das selbst wünsche und das auch immer sofort nach der ersten Predigt, ist eine maßlose Selbstüberschätzung. Dennoch, so schreibt Paulus in 1 Kor 12,25f, sollen alle Teile des Leibs einträchtig füreinander sorgen, miteinander leiden und sich miteinander freuen. Als Predigender ist es also wichtig, dass mir meine Zuhörer am Herzen liegen, ich mir aber bewusst mache, dass ich nicht verantwortlich für sie bin. Ich darf mich keinesfalls hierarchisch über sie stellen und davon ausgehen, dass ich wissen würde, was gut für sie wäre und wie Christsein richtig gelebt wird.

2.3. Alleine Christus

Darüber hinaus ist der Fokus von mir als Wortverkündiger entscheidend. Ziel soll es sein, alleine Christus zu predigen (Vgl. 1 Kor 1,23). Die Gute Nachricht von Jesus ist das Zentrum unseres Glaubens und damit auch das Zentrum unserer Predigt. Ziel ist es also, das Evangelium zu vermitteln und darauf zu vertrauen, dass es Gott selbst ist, der seinen Heiligen Geist schickt, sodass Menschen entsprechend der guten Nachricht von Jesus und nicht entsprechend meinen Vorstellungen verändert werden. Die Hoffnung beim Predigen ist folglich nicht, dass ich durch mein Tun Veränderung bewirke, sondern dass Gott durch meine Predigtdarbietung handelt und Menschen in seinem Sinne verändert. Meine Aufgabe ist es also, gut vorbereitet zu sein, sowohl theologisch, als auch bzgl. der pädagogischen und rhetorischen Darbietung. Des Weiteren ist es meine Pflicht, eigene Vorstellungen zurückzustellen, geduldig zu sein und darauf zu vertrauen, dass Gottes Heiliger Geist an den Menschen wirkt. Jesus selbst sagt in Matt 16,18, dass er seine Gemeinde bauen wird. Darauf kann ich vertrauen. Er wird sie bauen und sich kümmern, dass der Bau auch seinen Maßstäben entspricht.

2.4. Unsere Werke sind unvollkommen

Die Predigtvorbereitung ist meist mühselig und von Zeitdruck geprägt. Dennoch versuche ich, eine gute Leistung vorzubereiten, oder ich wünsche mir, dass trotz mangelhafter Vorbereitung etwas Gutes entsteht. Die Predigtperformance und das Ergebnis sind dann jedoch oftmals bei Weitem nicht so gut wie erhofft. So geschieht es, dass ich als Prediger oft nur dann tatsächlich zufrieden bin, wenn ich eine in meinen Augen perfekte Predigt gehalten habe. Dabei verdeutlicht der Fluch Gottes nach dem Sündenfall, dass die Arbeit mühselig und nie so fruchtbar sein wird, wie wir es uns wünschen. Tim Keller zeigt ausgehend des Sündenfalls jedoch auch einen großen Trost für uns Menschen auf:

> In 1. Mose 3,18 erwähnt Gott nicht nur die „Dornen und Disteln", sondern auch, dass der Mensch die Pflanzen des Feldes essen wird. Dornen und Frucht. Unsere Arbeit wird immer Früchte tragen, auch wenn es nie so viele sind, wie es vielleicht zunächst den Anschein hatte. Sie ist immer beides: frustrierend und erfüllend, und hin und wieder – gerade so oft, dass es reicht –lässt sie uns einen Blick erhaschen auf die geniale Schönheit, die ohne Sündenfall all unsere Arbeit hätte und sie durch Gottes Gnade in dem neuen Himmel und auf der neuen Erde wieder haben wird. (Keller 2014: 92f)

Es gehört also zum Menschsein dazu, dass wir akzeptieren, dass unsere Werke, selbst wenn es sich um Werke in Gottes Gemeinde handelt, hier auf der Erde unvollkommen sein werden, da auch wir Menschen seit dem Sündenfall unvollkommen sind.

2.5. Unsere Identität liegt in Christus

Gerade für ältere Menschen war der Dorfpfarrer eine angesehene Person. Man ehrte ihn und sah in ihm die christliche Elite. Auch noch heute ist man schnell dazu verführt, seine Zufriedenheit aus der Rolle des Predigers zu beziehen. Aufgrund der Arbeit macht man sich einen Namen und wird als christliche Elite angesehen. Zu predigen hat also auch immer Bezug zu den Aspekten des Status und der Macht. Das Bild vom Turmbau zu Babel zeigt vortrefflich die Problematik dabei auf. Die Menschen von Babel bauen die Stadt damit „damit wir uns einen Namen machen" (Gen 11,4). Das zeigt, dass sie durch ihre Taten Status und Ansehen erhalten wollten. Im Grunde versuchen sie, ihre Identität durch ihre Leistung aufzubauen.

> Sich einen Namen machen – das bedeutet in der Sprache der Bibel, sich eine Identität zu konstruieren. Entweder wir bekommen unsere Namen (also unser innerstes Wesen, unser Selbstwertgefühl, Wert, Einzigartigkeit) durch das, was Gott für uns und in uns getan hat (Offenbarung 2,17), oder wir machen uns einen Namen durch das, was wir selber für uns tun können. (Keller 2014:110)

Der Turmbau zu Babel zeigt zwei Aspekte auf, wie Menschen versuchen ihre Identität durch die Arbeit zu finden, anstatt diese bei Gott zu suchen. Ersten suchen sie ihr Heil in den Früchten ihrer Arbeit. Zweitens wollen sie nicht über die ganze Erde verstreut werden, was darauf schließen lässt, „dass die Menschen ihren 'Namen' auch darin suchen, in einer großen Gruppe vereinigt zu sein." (:111) Beide Aspekte sind auch heute in der Gesellschaft zu erkennen – auch im Predigerberuf. Zufrieden ist man, wenn man die Früchte der eigenen Leistung erkennt und der Leiter einer großen Gemeinde ist. Ebenso wie in der Erzählung vom Turmbau suchen auch die Menschen heute – sogar christliche Leiter wie ich –- die Identität allzu oft nicht bei Gott. Darrell Cosden legt nahe, dass ein gesundes Verhältnis zur Arbeit nur auf Basis einer Theologie der Arbeit möglich ist. Nach Hohne verweist Cosden auf folgende Aspekte (vgl Hoehne 2019:5f):

1. Wir Menschen sollen alles, was wir tun, zur Ehre Gottes tun. Gott erkennt dabei jedoch, dass unsere Arbeit lediglich Versuche sind, ihn zu lieben, ihm zu dienen und ihn zu ehren. Doch Gott sieht Christus in uns, welcher uns liebt, so wie wir sind. Daher ist die Basis für ein gesundes Verhältnis zur Arbeit die Identität in Christus.

2. Aufgrund dieser Liebe Christi haben Christen es nicht mehr nötig, sich ihren Wert, ihre Ehre usw. durch die Arbeit bestätigen zu müssen. Vielmehr erkennen sie, dass

ihre Leistung nie ausreicht, um sich vor Gott zu rechtfertigen, Schuldgefühl zu überwinden oder Gott zu beweisen, dass man ein „guter" Christ ist. Daher ist es wichtig, Gott in die Arbeit einzubinden, sodass die Arbeit nicht zu einem Götzen wird, welcher das Leben einnimmt.

3. Am Ende schaffen nicht die Menschen eine neue bessere Welt, sondern Gott selbst. Es ist Gottes Verantwortung. Daher ist es lediglich die Aufgabe von uns Menschen, Gott in jedem Aspekt des Lebens – also auch mittels der Arbeit – widerzuspiegeln.

> Our work can be done with hope, joy, and at times satisfaction, but we don't have to be perfect ad work flowless. Even when we make mistakes, and fall short of our commitments our failed efforts are not beyond God's healing touch and ultimate transformation into "his best work" (Rom 8:28). (Hoehne 2019:5f)

2.6. Lebensverändernde Lehre

Doch Veränderung sollte nicht nur bei der Person stattfinden, welche predigt, sondern auch bei den Zuhörern. Klaus Eickhoff verdeutlicht die Problematik:

> Pfarrer dürfen zwar bei verschiedenen Gelegenheiten dienlich sein, sind ansonsten aber ohne Bedeutung. […] Als jemand, der die Zeremonie liefern soll, wird der Pfarrer nur an den besonderen Stellen des Lebens, nicht aber für das Leben selber erwartet. (Eickhoff 1992:254)

Es geht also darum, dass Glaube nicht nur frommes Beiwerk ist, sondern der christliche Glaube alle Lebensbereiche betrifft und lebensrelevant wird. Es geht darum, ganze Sache mit Jesus zu machen. Allerdings ist es in unsere Kultur so, dass die Predigt lediglich Teil einer Zeremonie bzw. einer Tradition ist. Folglich muss ein Kulturwandel geschehen. Dies verweist wieder auf die Aufgabe des Predigers. Er darf sich nicht als Versorger verstehen, sondern muss eine Kultur prägen, in welcher deutlich wird, dass das Christentum das Ziel hat, dass Menschen Veränderung erfahren, und der christliche Glaube mehr ist als frommes Beiwerk. In seiner Rolle als Prediger hat er die Aufgabe, Menschen zur Mündigkeit im Glauben auszubilden und eine Kultur zu prägen, in welcher Glaube nicht nur Teil einer Zeremonie ist, sondern das ganze Leben beeinflusst. Wenn man betrachtet wie Propheten, Jesus oder auch die Apostel predigten, dann wird deutlich, dass sie immer lebensnah und mit dem Ziel der Lebensveränderung lehrten.

> Die Bibel enthält eine Vielzahl an Bußpredigten. Die großen Bußprediger des AT sind Jeremia (Jer 2;3) Amos (Am 5), Jona (Jona 3) und im NT Johannes d. Täufer (Mt 3,1ff). Diese Tradition nimmt Jesus auf und führt sie bis in die Urgemeinde hinein (vgl. Apg 2,14ff.37ff). In der Bußpredigt werden dem Men-

schen die Wege Gottes (Jes 55,7f; Der 25,5) und die eigenen falschen Wege, die ins Unrecht (Am 3,10) und schließlich in den Tod führen (Jer 21,8ff), aufgezeigt. Das stößt den Hörer nicht einfach in Verzweiflung, sondern verkündet ihm zugleich die Rettung (Am 9,11ff; Lk 3,18). Darin liegt der Unterschied zur Unheilsweissagung. Die Folge rechter Bußpredigt sind Umkehr des Sünders, Annahme des Evangeliums (Mk 1,15) und Vergebung der Sünden (Lk 24,47; Apg 5,31 u.ö.). Den Auftrag zur Bußpredigt an allen Menschen entnimmt die Gemeinde den Worten Jesu (Lk 24,47; Apg 17,30). (Rienecker u.a 2017:212)

Predigt geschieht folglich mit dem Ziel der Umkehr zu Gott und einem daraus veränderten Lebenswandel. Bei einer solchen Lebensveränderung geht es um die einmalige Grundsatzentscheidung für Gott am Anfang eines Christenlebens, aber auch um das immer wiederkehrende Umkehren von Götzen und Schuld hin zum Evangelium von Jesus Christus. In einem solchen Sinne, Buße zu predigen empfinde ich aus biblischer Sicht als meine Verantwortung in meinem Dienst als Jugendreferent.

3. Praktische Schritte

3.1. Vorbemerkung

Die Eigenreflexion verdeutlichte, dass Veränderung an mehreren Aspekten ansetzen muss. Bevor auf die praktischen Schritte eingegangen wird, soll darauf verwiesen werden, dass man schnell versucht ist, sich Vorsätze zu machen und aus eigener Kraft eine Veränderung anzustreben. In Phil 2,12b schreibt Paulus „Arbeitet an euch selbst mit Furcht und Zittern, damit ihr gerettet werdet!" (Gute Nachricht Bibel). Er zeigt damit auf, dass es unsere Pflicht ist, an uns zu arbeiten. Veränderung geschieht also nie von selbst, sondern erfordert Kraft und Entschiedenheit. Zugleich geschieht jede Veränderung durch Gott und lässt sich nicht selbst erarbeiten, wie der darauffolgende Vers verdeutlicht: „Ihr könnt es, denn Gott selbst bewirkt in euch nicht nur das Wollen, sondern auch das Vollbringen, so wie es ihm gefällt." (ebd.). Es liegt also ein Veränderungsparadoxa zwischen eigenem Tun und göttlichem Tun vor. Es ist wichtig, dieses Spannungsfeld zwischen göttlichem und eigenem Tun zu kennen, wenn es darum geht praktische Schritte der Veränderung einzuleiten.

In meinem konkreten Fall kann Veränderung entweder in meiner persönlichen Haltung und /oder im System ansetzen.

3.2. Meine persönliche Haltung

Die persönliche Haltung umfasst nahezu alle zuvor genannten Aspekte. Diese möchte ich nicht wiederholen. Vielmehr habe ich registriert, dass ich die ideale Haltung mit folgendem Satz bündeln kann: „Es geht nicht um mich und mein Tun, sondern um Gott und sein Handeln". Eine große intellektuelle Hilfe war für mich dabei, das bereits erwähnte Verhältnis zur Arbeit nach Darrell Cosden. Es half mir, neu in den Blick zu bekommen, dass alles was wir tun, zu Gottes Ehre ist. Obwohl es lediglich unvollkommene Versuche sind, etwas Gutes zu schaffen, erkennt Gott, dass das ein Ausdruck unserer Liebe zu ihm ist. Im Alltag wird dieses neu in den Fokus gestellte Wissen jedoch sicherlich schnell wieder verschwinden, wenn ich es nicht schaffe, Gott in die Arbeit einzubinden. Die Lebensgeschichte von Bruder Lorenz soll mir dabei als Inspiration dienen. Ebenso wie er möchte ich, dass meine Arbeit sich nicht von Zeiten des Gebets unterscheidet. Während dem Arbeiten möchte ich mir immer wieder bewusst machen, dass ich arbeite, um damit meine Liebe zu Gott auszudrücken. In Erfolgen und auch Misserfolgen in der Predigt sowie in der Vorbereitung möchte ich mich an Gott wenden, weil ich zu seiner Ehre tun möchte, was ich tue. Für mich ist Bruder Lorenz aber auch dahingehend Inspiration, dass er keine großen Werke erzielte. Er war lediglich Koch und Tellerwäscher und doch hatte er so großen Einfluss, dass Menschen kamen, um von ihm zu lernen. Da ein tiefer Wunsch von mir ist, bedeutsam zu sein, ist dieser Lebensbericht eine Ermutigung für mich, dass Gott sogar wenn wir Unbedeutsames in der Verbindung mit ihm tun, uns zu bedeutsamen Menschen machen kann. Mir ist bewusst, dass Bruder Lorenz Jahre brauchte, um eine solche Haltung einzunehmen. Auf solch eine lange Reise stelle ich mich auch gerne ein. Als Erinnerungshilfe für die nächsten Monate habe ich mir ein Bild von Bruder Lorenz in meinem Büro aufgehängt, dass wunderbar aufzeigt, dass Bruder Lorenz in seinem einfachen Tun als Heiliger zu erkennen ist. Dies wird ersichtlich daran, dass er als einfacher Tellerwäscher einen heiligen Schein hat. Scheinbar — so deute ich dieses Bild als Sinnbild seiner Lebensgeschichte— weil er seine Arbeit aus der Verbindung mit Gott erledigt.

Abbildung: Der arbeitende Bruder Lorenz als Inspiration
https://gesternmorgen.files.wordpress.com/2014/05/brother-lawrence.jpg

Diese Erinnerungshilfe soll mir dazu dienen, in der Predigtvorbereitung, beim Halten, beim Reflektieren nach der Predigt sowie allen anderen Tätigkeiten Bruder Lorenz als Inspiration zu nutzen und mir zugleich Darrell Cosdens Gedanken immer wieder in Erinnerung zu rufen. Ich möchte mich daran erinnern, für eine entsprechende Haltung zu beten. Hierbei möchte ich den Heiligen Geist immer wieder einladen, mich in Gottes Sinne zu prägen.

3.3. Anpassung des Predigtstils

Neben meiner Haltung möchte ich auch praktische Schritte gehen, um Predigten an sich fruchtbarer zu machen und damit das System zu verändern. Wenn ich zukünftig predige, dann mit dem Ziel der Veränderung. Ich möchte dazu inspirieren, Gottes Wort praktisch umzusetzen. Meine Zuhörer sollen hören und tun. Das gelingt jedoch nur, wenn ich Menschen Zeit lasse, sich zu verändern. Veränderungen brauchen Zeit und man kann nicht an zu vielen Baustellen zeitgleich arbeiten. Daher möchte ich den Fokus meiner Verkündigung auf die wirklich wichtigen Dinge legen. Das Wichtigste für uns als Christen ist die Gute Nachricht von Jesus. Zukünftig möchte ich in jeder Predigt einen klaren Evangeliumsbezug integrieren. Ebenso erachte ich es als essenziell, dass jeder Christ eigenverantwortlich Nachfolge lebt. Daher möchte ich, wenn ich freie Themenwahl habe, meinen Zuhörer immer wieder verdeutlichen, wie notwendig mündige Nachfolge ist, und sie ermutigen wie auch befähigen, selbst an Gottes Mission teilzunehmen. Dies erfordert eine Anpassung meines Predigtstils. Hilfreich erscheinen mir dabei Andy Stanley Homiletik-Tipps. Im Rahmen dieser Arbeit kann ich nicht im Detail darlegen, wie ich ausgehend von seinem Buch „Communicating for a Change" meinen Predigtstil ändern möchte. Daher verweise ich lediglich auf den für mich zentralsten Tipp. Bei jeder Predigt muss ich mir bewusst sein, was die eine Sache ist, die meine Zuhörer wissen müssen und was sie mit dieser einen Sache machen sollen. Lieber Menschen gehen konkret einen Punkt in ihrem Leben an, als von unzähligen Teilaspekten überfordert zu werden. Das wiederum sorgt dafür, dass die Predigt nicht zu lange wird, das Thema relevant für die Zuhörer ist und sie neben der Wissensvermittlung auch praktische Konsequenzen im Leben hat.

Bei alledem ist es mir wichtig, nicht in einen Hochmut zu verfallen oder zu denken, dass Veränderung der Menschen an meinem „neuen" Predigtstil liegt. Ich möchte darauf vertrauen, dass Gott selbst sogar durch eine meinem Empfinden nach fruchtlose Predigt zu Menschen redet und ihr Herz verändert. Gott ist der Handelnde. Selbst wenn ich viel an meiner eigenen Predigt oder der eines haupt- oder ehrenamtlichen Kollegen zu kritisieren habe, weil diese ein meinen Augen fruchtlos erscheint, handelt Gott.

3.4. Systembedingte bleibende Schwierigkeiten

Schwierig bleibt jedoch, dass ich nur überregional tätig bin und daher manche Jugendlichen nur ein bis zwei Mal im Jahr sehe. Wenn ich Jugendlichen über die Predigt hinaus helfen möchte Christsein zu leben, dann erfordert das, dass ich mit einzelnen eine engere Beziehung aufbaue. Sicherlich könnte man sich wie eine Learning Community regelmäßig zum Skypen verabreden und so gemeinsam Schritte der Veränderung machen. Die räumliche Distanz bleibt jedoch ein großes Spannungsfeld. Hier bete ich, dass der Heilige Geist mit zeigt, in welche Jugendlichen ich mich intensiver investieren soll und wie das trotz räumlicher Trennung praktikabel durchführbar ist. Bisher habe ich noch keinen zufriedenstellenden Ansatz finden können. Ich hoffe, dass ich hier im Austausch mit anderen Predigern in der überregionalen Arbeit und mit Kollegen weitere Möglichkeiten entdecke und wir gemeinsam durchführbare Konzepte entwickeln können.

Literaturverzeichnis

Eickhoff, Klaus. 1992. Gemeinde entwicklen für die Volkskirche der Zukunft - Anregungen zur Praxis. V&R: Göttingen

Hoehne, Matthias. 2019. Nicht veröffentlichtes Unterrichtsskript zum ACF-Kurs „Spiritualität am Arbeitsplatz", Lektion 3.1 Hopeful Work: Consummation.

Keller, Tim & Leary Alsdorf, Katherine. 2014. Berufung - eine neue Sicht auf unsere Arbeit. Brunnen: Basel

Rienecker, Fritz & Maier, Gerhard & Schick, Alexander & Wendel, Ulrich (Hrsg.) 2017. Buße. *Lexikon zur Bibel*. 3. Auflage. Witten: SCM Brockhaus. 211f

Stevens, R.Paul., 1999. The other six days: vocation, work, and ministry in biblical perspective. Grand Rapids, Mich.